Hands-on

Plataforma IoT WEGnology

José Sérgio Medeiros Jr

Independently published

ISBN: 9798329199840
Selo editorial: Independently published

Dedico esta obra para minha esposa Ana Paula e
meu filho Pedro Henrique Medeiros

*Um livro é a prova de que os homens
são capazes de fazer magia.
Carl Sagan*

SUMÁRIO

1. APRESENTAÇÃO PLATAFORMA IOT

A plataforma IoT WEGnology®[1] é uma poderosa ferramenta baseada em *cloud computing*, especialmente desenvolvida para criação de soluções conectadas. A praticidade de utilização da ferramenta, seja para aplicações simples ou até as mais complexas, possibilita a criação de ecossistemas colaborativos, além de proporcionar a co-criação de soluções com foco na digitalização dos processos e ganhos de eficiência.

Ao aproveitar funcionalidades de processamento em lote e fluxo em tempo real, é possível conceber experiências dinâmicas para os utilizadores e conduzir análises complexas. Os elementos da tecnologia WEGnology® colaboram harmoniosamente, possibilitando a conversão de dados em soluções de IoT personalizadas.

Dentro do ecossistema WEGnology®, as Experiências do Usuário Final constituem uma ferramenta através da qual é possível desenvolver uma interface web plenamente operacional, permitindo aos usuários interagirem com os dispositivos conectados. É possível elaborar interfaces de usuário personalizadas, bem como APIs com identidade visual própria. Os recursos englobam domínios personalizados com total suporte a SSL, grupos de usuários seguros para autenticação e a capacidade de trabalhar diretamente com HTML, CSS e JavaScript.

O WEGnology® oferece dashboards que podem ser adaptados conforme suas necessidades para apresentar informações complexas em um ou múltiplos dispositivos. Através de uma interface intuitiva de arrastar e soltar, você tem a flexibilidade de personalizar tanto o escopo das informações exibidas quanto o nível de detalhamento desejado.

No WEGnology®, a conectividade de dispositivos é simplificada através de protocolos de padrões abertos, como MQTT e APIs

REST, com SDKs disponíveis para Node.js, Python e Arduino. Isso permite que dispositivos compatíveis se conectem facilmente, sem a necessidade de implementações adicionais. A comunicação envolve o uso de *State* para representar informações instantâneas do dispositivo e *Commands* para instruir a execução de ações específicas.

1.1 CARACTERÍSTICAS PRINCIPAIS

- Workflow Visual: A plataforma oferece uma interface de *drag and drop* para facilitar o desenvolvimento de soluções IoT e agilizar adaptações e ajustes de acordo com as necessidades do negócio.
- Dashboards Customizáveis: Os *dashboards* podem ser facilmente construídos e personalizados para atender às necessidades específicas do negócio.
- Geolocalização e Correlação: A plataforma permite configurar facilmente geolocalização e correlação entre variáveis, tornando mais fácil a análise e visualização dos dados.
- Tratamento de Dados: A plataforma inclui recursos para tratamento e transformação de dados, simulação numérica, modelagem estatística, e machine learning, utilizando Jupyter Notebooks.

1.2 APLICAÇÃO E INTEGRAÇÃO

A plataforma WEGnology® pode ser utilizada para monitorar e gerenciar ativos industriais de forma remota, coletando dados dos equipamentos de campo e fornecendo dashboards e relatórios detalhados. Além disso, a plataforma pode ser integrada com sistemas locais, como Node-Red, para criar dashboards de monitoramento e análise avançada dos dados em tempo real.

2. CRIAÇÃO DA CONTA GRATUITA

Para criação de uma conta gratuita, válida por 90 dias, acesse o endereço eletrônico: **https://www.weg.net/institutional/BR/pt/solutions/digital-solutions/wegnology** , navegue até encontrar "Acesse a Sandbox" e clique em SAIBA MAIS, conforme figura 1.

Figura 1 – Acesso ao cadastro

Fonte: Próprio Autor (2024)

Na figura 2, temos a imagem parcial do cadastro a ser preenchido. Aguarde a confirmação no e-mail cadastrado para a efetivação da conta. Caso este site esteja indisponível acesse **https://accounts.app.wnology.io/signin e crie sua conta.**

Figura 2 – Cadastro da Plataforma

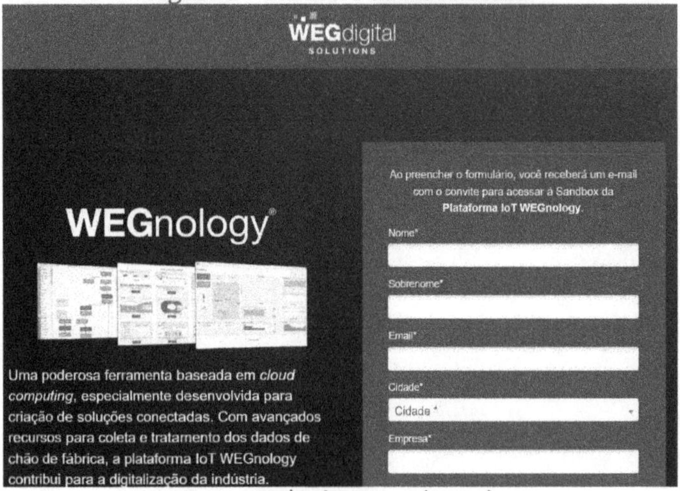

Fonte: Próprio Autor (2024)

Serão enviados dois e-mails, um com o seu login/senha e outro com a verificação da conta, como demostrado na figura 3.

Figura 3 – E-mails de confirmação

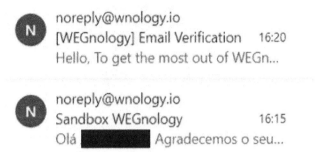

Fonte: Próprio Autor (2024)

Ao confirmar sua conta, será direcionado ao endereço eletrônico do console WEGnology® https://accounts.app.wnology.io/signin , insira seu e-mail cadastrado e sua senha informada no e-mail, conforme figura 4, não é obrigatório o uso do código de dois fatores.

Figura 4 – Console WEGnology®

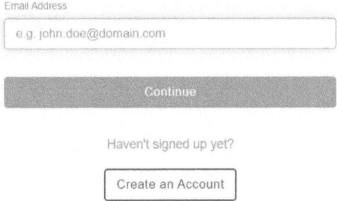

Fonte: Próprio Autor (2024)

A tela inicial para criar uma nova aplicação será exibida conforme a figura 5.

Figura 5 – Nova aplicação

Fonte: Próprio Autor (2024)

Já existem vários *templates* de aplicações prontos, inclusive com a plataforma ESP32, entretanto para iniciar vamos começar com um aplicativo em branco, portanto selecione *Blank Application.*

No próximo capítulo, vamos continuar a criar uma aplicação, até breve!

3. CRIAÇÃO DA PRIMEIRA APLICAÇÃO

Para essa primeira experiência na plataforma não utilizaremos nenhum dispositivo físico conectado, faremos uso de uma interface de programação de aplicação (*Application Programming Interface* – API) onde solicitaremos os dados e armazenaremos em nosso *device* e posteriormente exibiremos os dados em um *dashboard*.

Na figura 6, como sugestão, preencha o nome: Hello_WEGnology, caso queira fazer uma breve descrição: Minha primeira aplicação IoT. Clique em **Create Application**, observe o exemplo na figura 6.

Figura 6 – Nova aplicação

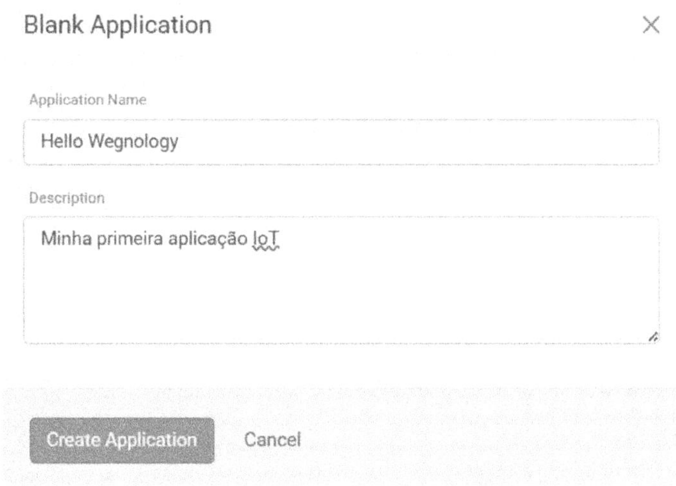

Fonte: Próprio Autor (2024)

A tela com overview da aplicação será exibida conforme figura 7.

Figura 7 – Nova aplicação

Fonte: Próprio Autor (2024)

Agora vamos criar uma aplicação. Clique em **ADD Device**, e escolha *Standalone*, conforme a figura 8.

Figura 8 – Nova aplicação

Fonte: Próprio Autor (2024)

Preencha o nome: Clima e a descrição é opcional, em *DEVICE CLASS* escolha *Standalone*, como vemos na figura 9, ao final clique em **Create Device**.

Figura 9 – Nova aplicação

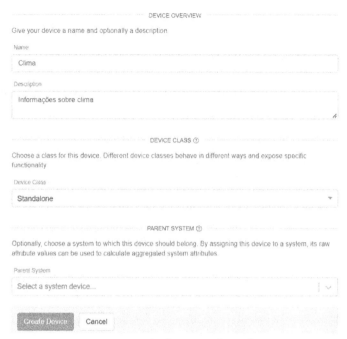

Fonte: Próprio Autor (2024)

Na aba *Attribute*, preencher os atributos: humidity; **pressure**; temp e **wind-speed**, como a figura 10 e clicar em **Update Attributes**.

Figura 10 – *Attribute*

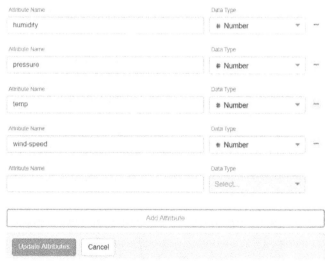

Fonte: Próprio Autor (2024)

3.1 CRIAÇÃO DO WORKFLOW

Para criar um fluxo de trabalho selecione *Workflows* no menu, em seguida clique em **Add Workflow**, como demonstrado na figura 11.

Figura 11 – Workflows

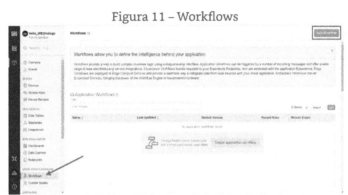

Fonte: Próprio Autor (2024)

De um nome ao seu workflow, por exemplo: Pegar Dados, selecione como tipo ***Application*** e clique em **Create Workflow**, veja a figura 12.

Figura 12 – Novo *Workflow*

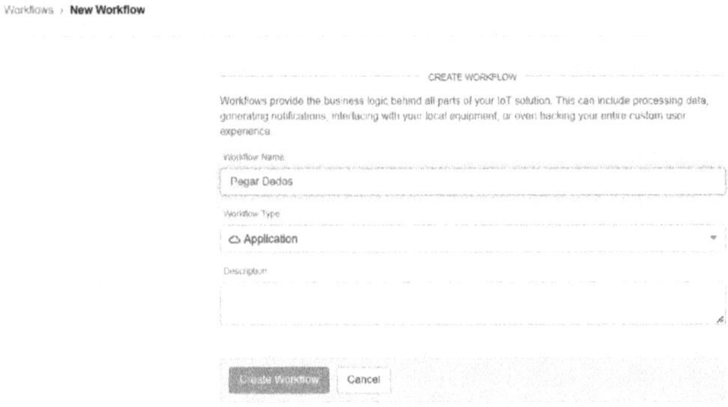

Fonte: Próprio Autor (2024)

Após a criação, veremos a tela de edição do *workflow*, agora podemos inserir um gatilho para coleta de dados, vamos estabelecer um tempo de 5 minutos para atualização dos dados, como vemos na figura 13, insira um *Timer*.

Figura 13 – Configuração *Timer*

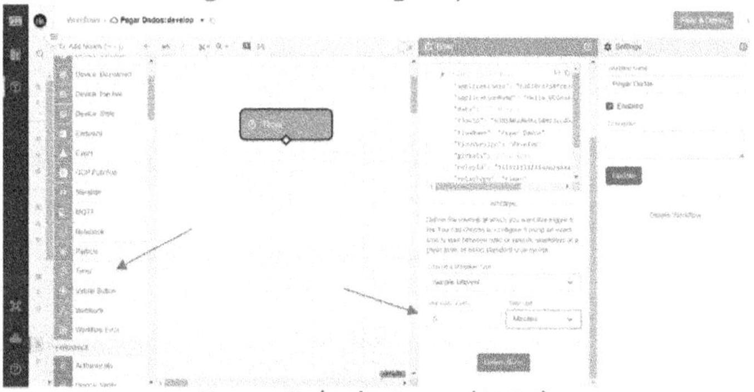

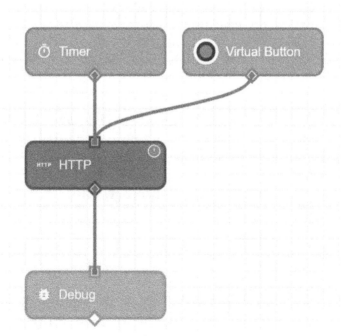

Fonte: Próprio Autor (2024)

Arraste os outros nós necessários, conforme a figura 14, estes farão a coletada e o *debug* dos dados coletados.

Figura 14 – Nós para aplicação

Fonte: Próprio Autor (2024)

3.2 CONFIGURANDO O NÓ HTTP

Existem duas opções de configuração importantes para o nó HTTP. A primeira é a URL e a segunda é onde armazenar o resultado.

Copie e cole o endereço da API na url, substituir os valores: LATITUDE, LONGITUDE, pelos de seu interesse, você pode acessar esses dados em vários sites, como por exemplo: **https://www.gps-coordinates.net/** e o valor APIKEY, pode ser adquirido, através de uma conta gratuita, do site **www.openweathermap.org**

> https://api.openweathermap.org/data/2.5/weather?
> lat=LATITUDE&lon=LONGITUDE&APPID=APIKEY

Abaixo para a Faculdade de Tecnologia Senai São Carlos temos os dados de latitude e longitude:

> https://api.openweathermap.org/data/2.5/weather?
> lat=-22.023026651589394&lon=-47.897445863012905&APPID=APIKEY

Configure o *Payload Path to Store Response* para ser working.weather, como podemos observar na figura 15.

Figura 15 – Configuração HTTP

Fonte: Próprio Autor (2024)

Ao pressionar o botão virtual ou aguardar o tempo programado teremos as informações no *debug*, conforme figura 16.

Figura 16 – *Debug*

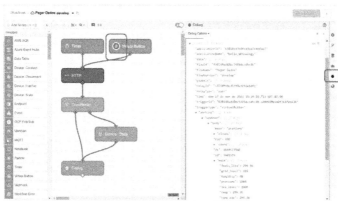

Os detalhes dos dados coletados podem ser apreciados na figura 17, observe a hierarquia dos dados, o caminho dos dados está em working.weather.body.main e a unidade da temperatura é Kelvin.

Figura 17 – Detalhe das informações no *Debug*

```
▼ "working": {} 1 key
    ▼ "weather": {} 4 keys
        ▼ "body": {} 13 keys
            "base": "stations"
            ▶ "clouds": {} 1 key
            "cod": 200
            ▼ "coord": {} 2 keys
                "lat": -22.023
                "lon": -47.8974
            "dt": 1669423838
            "id": 3449319
            ▼ "main": {} 8 keys
                "feels_like": 289.21
                "grnd_level": 919
                "humidity": 78
                "pressure": 1014
                "sea_level": 1014
                "temp": 289.48
                "temp_max": 289.48
                "temp_min": 289.48
            "name": "S\u00E3o Carlos"
```

Agora precisamos enviar estes dados ao nosso dispositivo, para armazenamento e posteriormente a criação de um *dashboard,* faça a inserção de mais dois nós, como visto na figura 18, um **Condicional** e outro **Device:State**.

Figura 18 – Novos nós inseridos

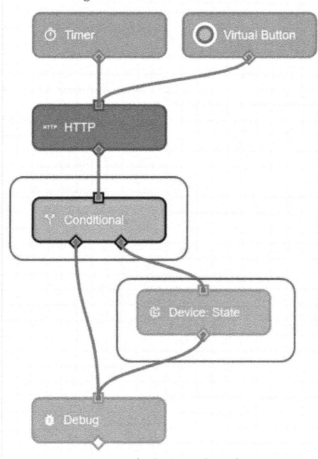

Para configurar o nó **Condicional**, vamos verificar o estado da solicitação da API, caso for 200, bem-sucedida coletaremos o dado no dispositivo, veja a figura 19, no campo *Expression* digite:

{{working.weather.statusCode}} === 200

Figura 19 – Configuração do nó Condicional

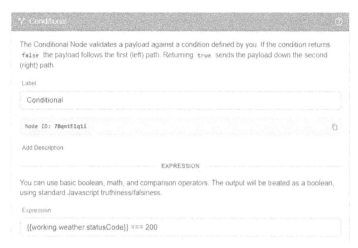

The Conditional Node validates a payload against a condition defined by you. If the condition returns `false` the payload follows the first (left) path. Returning `true` sends the payload down the second (right) path.

Label

Conditional

Node ID: 7BqntElq1i

Add Description

——————————————— EXPRESSION ———————————————

You can use basic boolean, math, and comparison operators. The output will be treated as a boolean, using standard Javascript truthiness/falsiness.

Expression

{{working.weather.statusCode}} === 200

Fonte: Próprio Autor (2024)

Vamos configurar o nó **Device:State**, conforme a figura 20, *Device ID* selecione o dispositivo criado anteriormente, em nosso caso **Clima**. Em *State*, vamos atribuir os valores coletados a nossa lista de atributos, copie e cole os valores abaixo, observe que já estamos convertendo a temperatura para Celsus.

- humidity : {{ working.weather.body.main.humidity }}
- pressure : {{ working.weather.body.main.pressure }}
- temp : {{subtract working.weather.body.main.temp 273.15}}
- wind-speed : {{ working.weather.body.wind.speed }}

Figura 20 – Configuração do nó *Device: State*

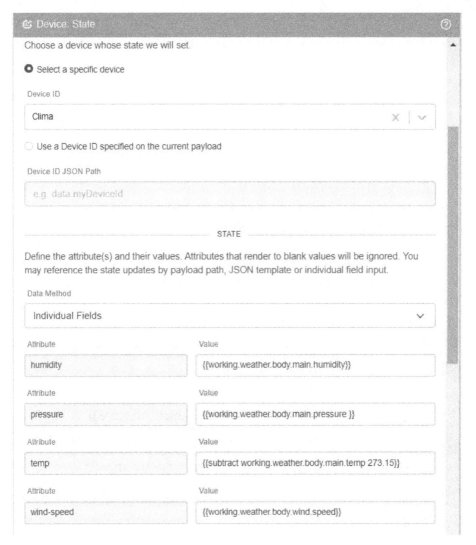

Fonte: Próprio Autor (2024)

Com todas as configurações realizadas, agora salve o workflow em **Save & Deploy** e teste pressionando o botão virtual, veja a figura 21.

Figura 21 – Detalhe das informações no Debug

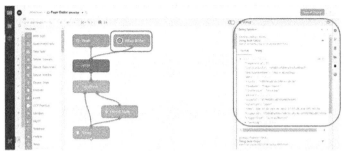

Fonte: Próprio Autor (2024)

Obtendo sucesso na etapa anterior, verifique se seu dispositivo está recebendo os dados, navegue até seu dispositivo, pela aba lateral, clique no nome de seu dispositivo, em nosso caso Clima e visualize na aba *Attributes* os últimos valores serão exibidos. Os

dados recentes podem ser vistos selecionando o ícone *Device State*, observe a figura 22.

Figura 22 – Dados recebidos pelo dispositivo

Fonte: Próprio Autor (2024)

Podemos também observar os dados recebidos de maneira gráfica através do *Data Explorer*, selecione o *Device* Clima, o período (*Start* e *End*), o tipo de agregação e a resolução (*Aggregation e Resolution*),como no exemplo da figura 23, selecione qual dos

dados você quer ver como o ícone   .

Figura 23 – *Data Explorer*

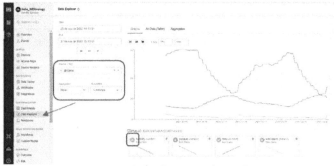

Fonte: Próprio Autor (2024)

Muito bem! Em nosso próximo capitulo faremos a construção do *Dashboard*.

4. CRIAÇÃO DA DASHBOARD

Agora que dispomos de registros meteorológicos armazenados, podemos observá-los através de uma *Dashboard*. Semelhante aos fluxos de trabalho, esses painéis são extremamente simples de usar e altamente adaptáveis, permitindo personalizações com facilidade através da função de arrastar e soltar. A figura 24, podemos ver uma prévia do painel que estamos desenvolvendo.

Figura 24 – *Dashboard*

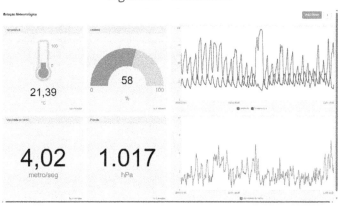

Fonte: Próprio Autor (2024)

Um painel é composto por blocos. Cada bloco oferece uma maneira diferente de apresentar seus dados. Vamos criar nosso painel e adicionar nosso primeiro bloco.

Para começar, crie um painel selecionando *Dashboard* no menu do aplicativo e, em seguida, selecione **Add Dashboard**, conforme figura 25.

Figura 25 – *Dashboard*

Fonte: Próprio Autor (2024)

Escreva um nome da *Dashboard*, por exemplo: Estação Meteorológica e clique em *Create Dashboard*, a figura 26 mostra esta etapa.

Figura 26 – Configurando a *Dashboard*

Dashboards › **New Dashboard**

CREATE DASHBOARD

Dashboards allow you to view stats, graphs, events and devices across multiple applications. Name your dashboard to get started.

Dashboard Name

Estação Meteorológica

Description

Create Dashboard   Cancel

Fonte: Próprio Autor (2024)

4.1   ADICIONANDO BLOCO PARA TEMPERATURA

O primeiro bloco que vamos adicionar é o Bloco de Medidor. O Bloco de Medidor exibe um único valor de atributo, como um número ou como uma representação visual em um *dial*. Neste caso, podemos usá-lo para mostrar a temperatura atual. Selecione *Add Block*, como indicado na figura 27.

Figura 27 – Inserindo Blocos

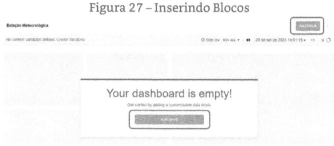

Fonte: Próprio Autor (2024)

Entre as opções selecione a opção *Gauge*, como indicado na figura 28 e clique em *Customize*.

Figura 28 – Inserindo *Gauge*

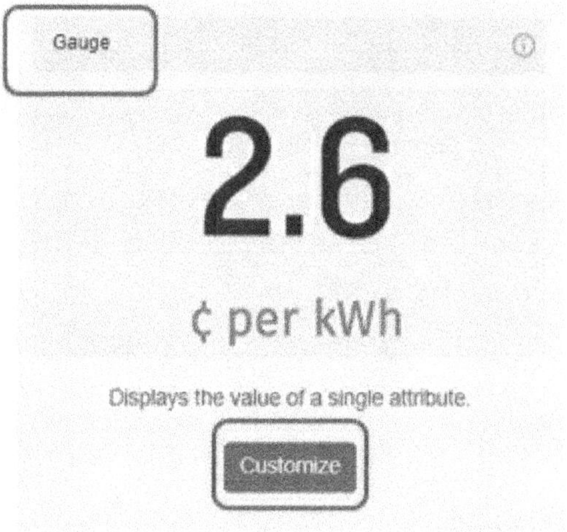

Gauge

2.6

¢ per kWh

Displays the value of a single attribute.

Customize

Fonte: Próprio Autor (2024)

4.1.1 CONFIGURAÇÕES DO MEDIDOR

Para configurar esse bloco, execute as seguintes etapas:

Defina o título do bloco como Temperatura, como na figura 29.

Figura 29 – Inserindo título no *Gauge* Temperatura

Fonte: Próprio Autor (2024)

Selecione o *Gauge type* como *Thermometer,* seu *Label* como °C e min -10 e Max. 50, veja a figura 30.

Figura 30 – Configurando Estilo do *Gauge* Temperatura

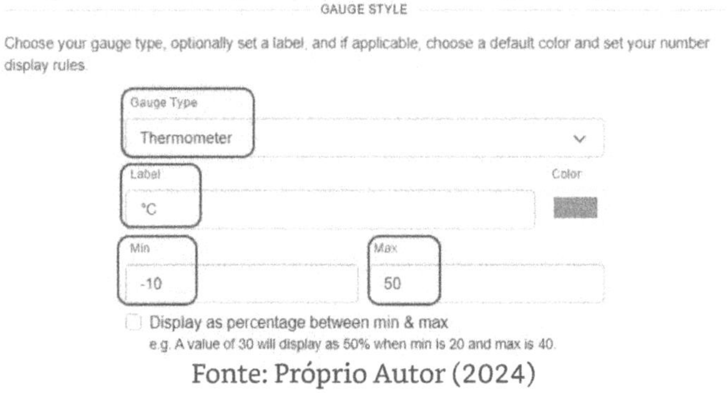

Fonte: Próprio Autor (2024)

Selecione o dispositivo Clima e defina o atributo temp. Os atributos correspondem aos atributos que definimos para nosso dispositivo, observe a figura 31.

Figura 31 – Configurando os Dados do *Gauge* Temperatura

Fonte: Próprio Autor (2024)

No geral, estamos configurando esse bloco para consultar o valor recebido mais recentemente para o atributo temp do dispositivo e exibi-lo no painel.

Clique em **Add Block** para visualizá-lo em seu novo painel, a figura 32 ilustra a visualização do painel

Figura 32 – Visualização do *Gauge* Temperatura

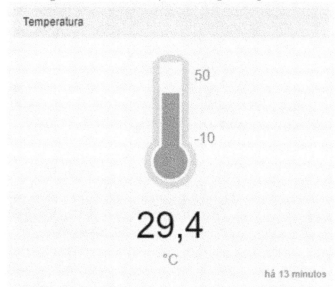

Fonte: Próprio Autor (2024)

4.2 ADICIONANDO BLOCO PARA UMIDADE

Em seguida, vamos adicionar outro medidor para mostrar a umidade. Adicione um novo bloco de medidor usando o botão na parte superior do painel *Add Block*, em seguida escolha o mesmo bloco anterior, da figura 28, *Gauge*.

4.2.1 CONFIGURAÇÕES DO MEDIDOR

Para configurar esse bloco, execute as seguintes etapas:

Defina o título do bloco como Umidade, conforme a figura 33.

Figura 33 – Inserindo título no *Gauge* Umidade

Fonte: Próprio Autor (2024)

Na figura 34, selecione como o *Gauge Type* como *Dial*.

Defina o Min e o Max, a umidade é retornada do OpenWeather como uma porcentagem entre 0 e 100.

Marque *Display as percentage between min & max*, pois a umidade é uma porcentagem.

Figura 34 – Configurando Estilo do *Gauge* Umidade

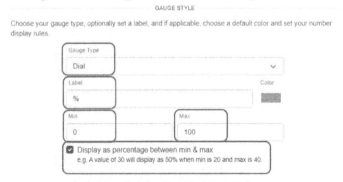

Fonte: Próprio Autor (2024)

Selecione o dispositivo Clima e defina o atributo como humidity, veja os detalhes na figura 35.

Figura 35 – Configurando os Dados do *Gauge* Umidade

Depois de adicionar o bloco, seu *Dashboard* terá a aparência da figura 36.

Figura 36 – *Dashboard* com a Umidade e Temperatura

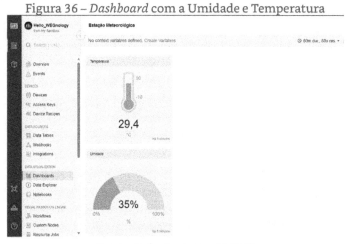

4.3   ADICIONANDO UM GRÁFICO

Agora vamos abrir algum espaço para um gráfico para mostrar como os dados são alterados ao longo do tempo. Vamos adicionar um gráfico que exibe temperatura versus umidade ao longo do tempo. Podemos fazer isso usando o Bloco de Séries Temporais, veja a figura 37.

Figura 37 – Bloco de Séries Temporais

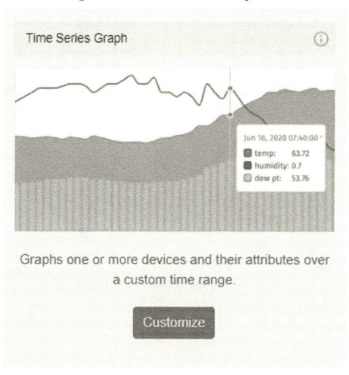

Fonte: Próprio Autor (2024)

4.3.1   CONFIGURAÇÕES DO GRÁFICO

Para configurar esse bloco, execute as seguintes etapas:

Defina o título do bloco como Temp x Umidade, como na figura 38.

Figura 38 – Inserindo nome na Série

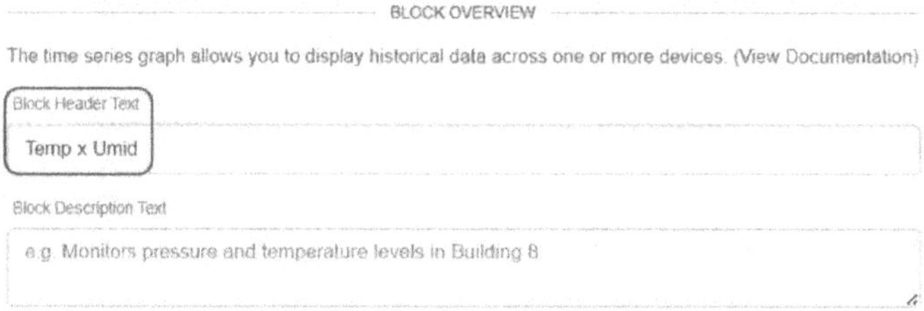

Fonte: Próprio Autor (2024)

A seção *Block Data* para a Temperatura de ser configura como a figura 39.

Figura 39 – Configuração da Temperatura

Fonte: Próprio Autor (2024)

Para adicionar um novo atributo, a umidade, selecione o botão *Add Segment* ao final da página e configure a umidade conforme a figura 40.

Figura 40 – Configuração da Umidade

Umidade

Device
Clima

Aggregate data from multiple devices ...

Attribute
humidity

Aggregation
Mean

DISPLAY SETTINGS

Series Label
Umidade

Color

Display As
Line Chart

Line Weight
2

Dot Weight
1

Line Type
Smooth

Y AXIS FORMAT

Y Axis Label
%

Y Axis Min
0

Y Axis Max
100

Y Axis Format ?
e.g. .4

Fonte: Próprio Autor (2024)

Adicione o bloco e movimente os blocos para uma melhor visualização, como na figura 41.

Figura 41 – *Dashboard*

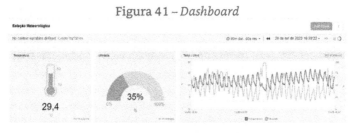

Fonte: Próprio Autor (2024)

O Gráfico de Séries Temporais requer que você selecione uma duração e uma resolução. A duração é o quão longe no tempo você gostaria de ver. Como você ainda não tem muitos dados, selecione 60 minutos. À medida que seu dispositivo continua a coletar dados meteorológicos, você pode aumentar isso para visualizar períodos mais longos, se necessário.

A resolução é a distância entre os pontos de dados individuais. Selecione um minuto para este exemplo, o que significa que você verá um ponto de dados para cada minuto.

Repita os passos anteriores para inserir um *Gauge*, mas agora o tipo deve ser **numérico**, escolha como atributo a velocidade do vento e a pressão. Após configurar esses dois *Gauges* você obterá a figura 42.

Figura 42 – Dashboard com Gráficos

Fonte: Próprio Autor (2024)

Agora repita o passo para inserir um gráfico e insira um gráfico para a velocidade do vento, obtendo como resultado a figura 43.

Figura 43 – Dashboard Completa

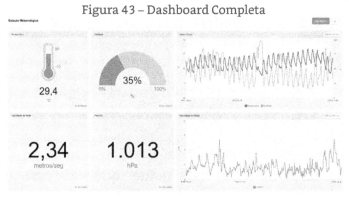

Fonte: Próprio Autor (2024)

4.4 COMPARTILHAMENTO DA DASHBOARD

Podemos compartilhar a *Dashboard* de maneira pública, através de senha ou deixá-la de modo privado. Para realizar estas alterações, acesse o menu de edição das configurações, no canto superior esquerdo, veja a figura 44.

Figura 44 – Configurações da Dashboard

Fonte: Próprio Autor (2024)

No menu, selecione a aba *Access* e escolha a opção desejada, e salve as alterações, observe a figura 45.

Figura 45 – Configurações da aba *Access*

Fonte: Próprio Autor (2024)

Você também pode compartilhar em suas redes sociais, clicando no botão *Share* e depois escolhendo sua rede preferida, como ilustra a figura 46.

Figura 46 – Compartilhar nas Redes Sociais

Fonte: Próprio Autor (2024)

Desta forma concluímos este *hands-on*, espero que tenha gostado!

Até o próximo *hands-on*!

Prof. Esp. José Sérgio Medeiros Junior

---

[1] WEGnology® é uma marca registra Weg todos os direitos são respeitados.

www.ingramcontent.com/pod-product-compliance
Lightning Source LLC
LaVergne TN
LVHW041222050326
832903LV00021B/742